Liebe Leserin,
lieber Leser!

Die Glaswachsperle ist seit Jahren ein wichtiger Bestandteil bei meinen kreativen Arbeiten. Ob in Blumenarrangements aus getrocknetem Naturmaterial oder in meinen Kreativseminaren mit Erwachsenen und Kindern zu verschiedenen Bastelthemen – sie war immer eine treue Begleiterin.
In diesem Buch möchte ich Ihnen zeigen, dass die Glaswachsperle in ihrer Vielfalt an Farben und Größen nicht an Popularität verloren hat, sondern in Kombination mit diversem Schmuckzubehör zu neuen Ideen und wunderschönen Kreationen inspiriert.

Viel Spaß beim Eintauchen in die Wachsperl … t
wünscht Ihnen
Ihr

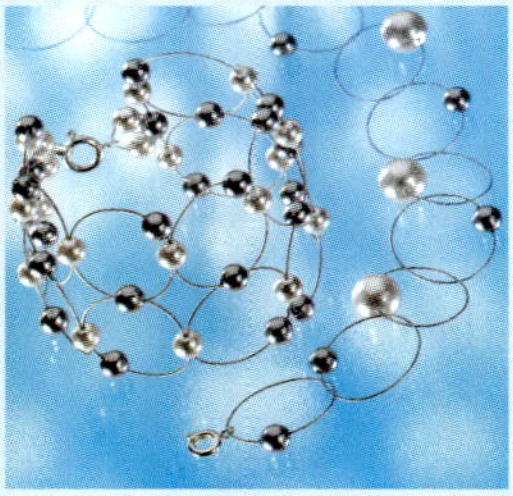

Inhaltsverzeichnis

Material und Grundtechniken

Grundmaterial

- *Perlonfaden, Ø 0,25 mm*
- *Edelstahl-Drahtseil, Ø 0,54 mm*
- *Schmuckdraht matt, Ø 0,4 mm*
- *Quetschperle*
- *Quetschkalotten*
- *Ringel*
- *Ohrhaken*
- *Schmuckschließen*
- *Schmuckkleber*
- *Kettel- und Prismenstifte*
- *Kettelzange, Flachzange, Seitenschneider*

Ringel

Mit Hilfe von Ringeln lassen sich z. B. Prismenstifte und Verschlüsse an Kettengliedern befestigen.
Beim Öffnen eines Ringels darauf achten, dass dieser sich nicht verformt. Mit Hilfe von zwei Zangen (Flachzange und Kettelzange) den Ringel seitlich auseinander schieben (Abb. 1), in das Kettenglied führen und wieder schließen. Den Ringel ein wenig überlappend schließen und wieder zurückziehen, so bleibt der Schlitz gut geschlossen.

1

Verschluss mit Quetschkalotte

Den Schmuckdraht durch das Loch der Quetschkalotte und einer Quetschperle führen (Abb. 2). Die Quetschperle mit der Flachzange zusammendrücken, dann die Quetschkalotte über die Quetschperle ziehen und die Quetschkalotte mit der Flachzange schließen (Abb. 3).

2
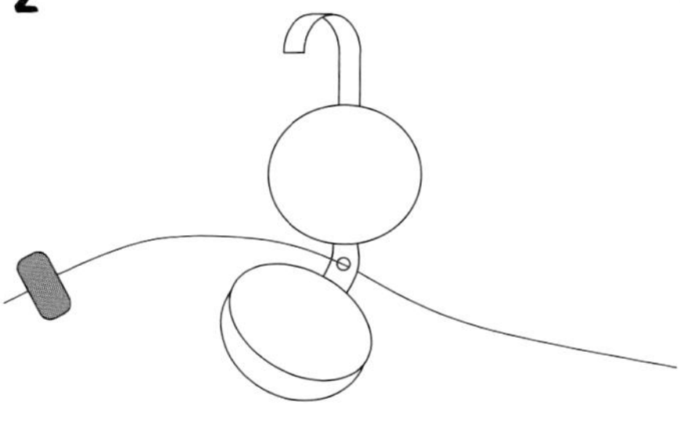

3
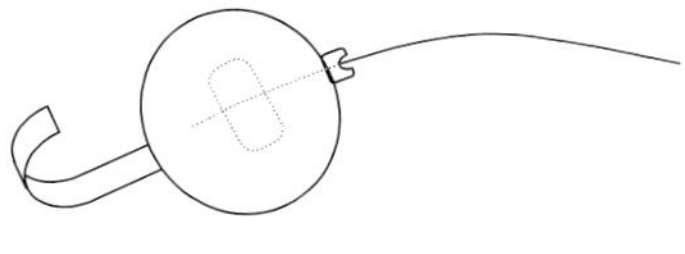

Verschluss mit Kappel

Bei Verwendung von Schmuckdraht sind Verschlüsse mit Kappel praktisch: Ein Drahtseilende in die Verschluss-Kappel schieben und die Kappel mit der Flachzange zudrücken. Ansonsten den Verschluss mit Quetschkalotten anbringen.

Kettel- und Prismenstifte

Bei Bettelschmuck sind Prismenstifte (Abb. 4) und Kettelstifte (Abb. 5) unumgänglich. Den Stift oberhalb der Perle fast waagerecht zur Seite biegen (Abb. 6) und das überstehende Ende mit dem Seitenschneider auf etwa 1 cm kürzen. Nun den Draht vom Knick her mit einer Rundzange vorsichtig in Form biegen (Abb. 7). Die Öse soll dort geschlossen sein, wo der Draht am Anfang rechtwinklig abgeknickt wurde. Bei Kettelstiften darauf achten, dass die beiden Ösen gegeneinander weisen (Abb. 8).

Tipp: *Soll in eine Öse etwas eingehängt werden, darf sie nicht wieder auf die gleiche Weite aufgebogen werden, wie sie geschlossen wurde. Sie verliert sonst ihre Form, der Draht kann ermüden und auch brechen. Zum Öffnen einer Öse das Drahtende mit der Flachzange zur Seite biegen und zum Schließen auf dem selben Weg zurück führen.*

Verknoten

Die Fäden zu einem Doppelknoten fest anziehen. Dann beide Fäden durch ein paar Perlen zurückführen, dabei vor der letzten Perle eine kleine Schlinge stehen lassen. Einen Tropfen Schmuckkleber auf die Schlinge geben und den Faden vorsichtig durch die Perle ziehen, damit der Tropfen in die Perle gleiten kann. Nach dem Trocknen die überstehenden Fäden abschneiden.

Werkzeug

Mit der Flachzange lassen sich Quetschperlen gut zusammendrücken. Die Kettelzange dient zum Biegen von Ösen. Mit dem Seitenschneider werden Edelstahl-Drahtseile, Kettel- und Prismenstifte gekürzt.

4

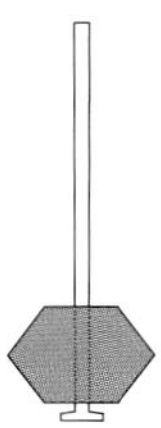

5

7

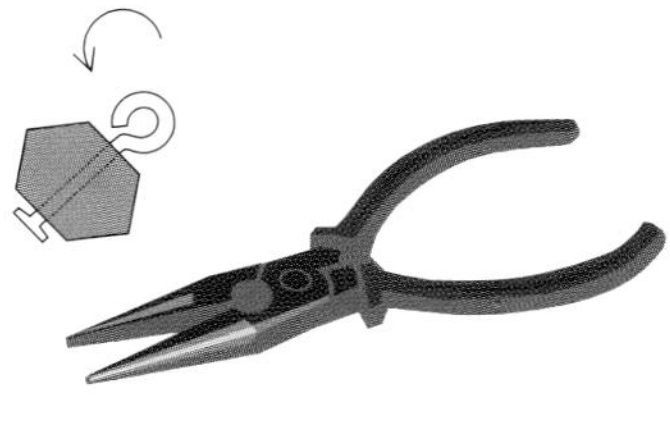

6

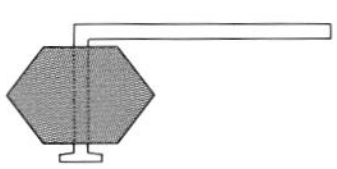

8

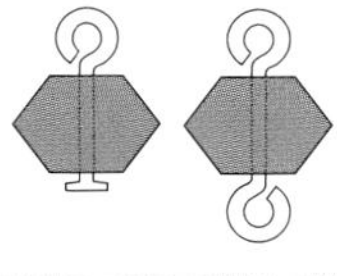

Modische Quadrate

1. Für die Halskette 46 cm Edelstahl-Drahtseil zuschneiden und an einem Ende den Verschluss anbringen. Über das andere Ende eine Quetschperle auffädeln und ca. 7 cm vom Verschluss zusammendrücken.

2. Eine Glaswachsperle in ein Metall-Quadrat legen, beides zusammen auffädeln und bis zur Quetschperle schieben. Eine Quetschperle auffädeln, bis zum Metall-Quadrat schieben und die Perle zusammendrücken. Nach Abb. 1 weiterarbeiten, dabei zwischen den Quadraten etwa 4 cm Abstand lassen.

3. Für das Armband 20 cm Edelstahl-Drahtseil zuschneiden und ein Ende 2 cm weit durch den Ringel des Federringes ziehen. Über das andere Drahtseilende eine Quetschperle und ein Metall-Quadrat mit Glaswachsperle auffädeln und zum Federring schieben, dabei die überstehenden 2 cm Drahtseil mitfassen (Abb. 2). Die Quetschperle zusammendrücken und das überstehende Drahtende zurückschneiden. Das Armband laut Foto auffädeln und am Ende den Verschluss anbringen.

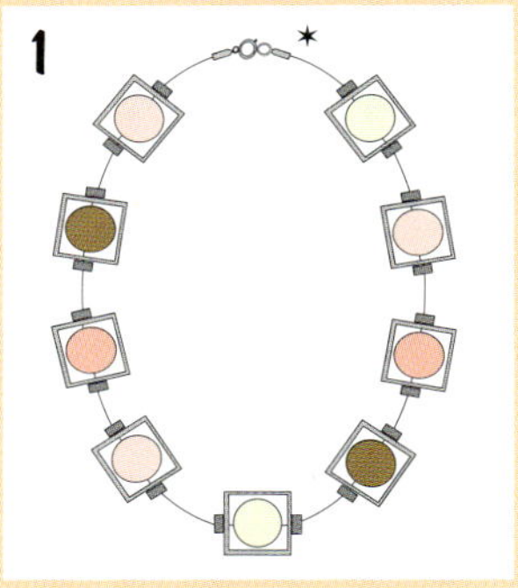

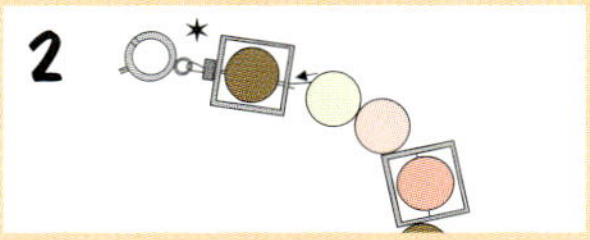

✶ Start

Material

- *Edelstahl-Drahtseil, Ø 0,54 mm*
- *Quetschperlen in Platin*

Halskette

- *2 Renaissance-Glaswachsperlen in Weiß, Ø 10 mm*
- *3 Renaissance-Glaswachsperlen in Puderrosa, Ø 10 mm*
- *2 Renaissance-Glaswachsperlen in Muschelrosa, Ø 10 mm*
- *2 Renaissance-Glaswachsperlen in Kaschmir, Ø 10 mm*
- *9 Metall-Quadrate, 13 x 13 mm*
- *Antik-Verschluss mit 2 Ringeln und Kappeln in Platin, Ø 12 mm*

Armband

- *4 Renaissance-Glaswachsperlen in Weiß, Ø 10 mm*
- *4 Renaissance-Glaswachsperlen in Puderrosa, Ø 10 mm*
- *3 Renaissance-Glaswachsperlen in Muschelrosa, Ø 10 mm*
- *4 Renaissance-Glaswachsperlen in Kaschmir, Ø 10 mm*
- *5 Metall-Quadrate, 13 x 13 mm*
- *Federring mit Spaltring in Platin, Ø 7 mm*

Klassische Eleganz

1. Für die Halskette auf einen Perlonfaden eine Glaswachsperle, eine Kristall-Schliffperle und eine Glaswachsperle auffädeln und in die Mitte des Fadens gleiten lassen. Die Fäden durch eine Kristall-Schliffperle kreuzen. Nach Abb. 1 weiterarbeiten, dann die zweite Reihe nach Abb. 2 auffädeln.

2. Auf den linken Faden eine, auf den rechten zwei Glaswachsperlen auffädeln. Nach Abb. 2 den Rapport fortführen, bis insgesamt 23 Kristall-Schliffperlen aufgefädelt sind. Nach der letzten Kristall-Schliffperle auf den linken Faden zwei Glaswachsperlen aufziehen und den rechten Faden durch die zweite kreuzen. Nach Abb. 3 weiterarbeiten, bis 15 Kristall-Schliffperlen aufgefädelt sind.

3. Für die rechte Seite einen neuen Faden durch die letzte Kristall-Schliffperle des Anfangsteiles und die erste Glaswachsperle des linken Teiles ziehen und gegengleich der linken Seite arbeiten (Abb. 4). Zum Schluss bei beiden Teilen die Fäden durch den Verschlussringel kreuzen, vernähen und verknoten.

4. Den Ring nach Abb. 1 und Abb. 2 auffädeln. Die Ringschiene nach Abb. 5 schließen, Fäden vernähen und verknoten.

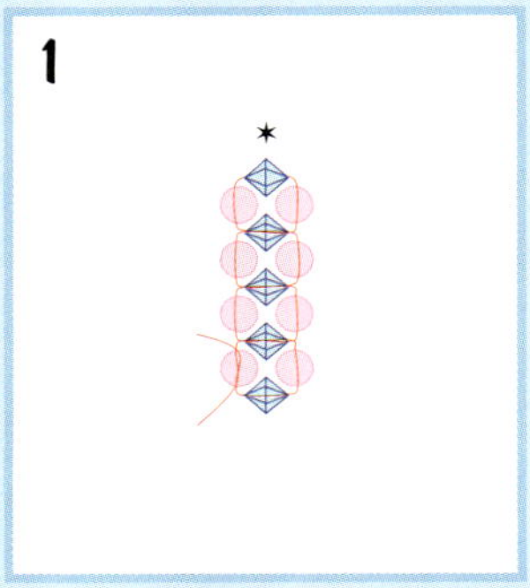

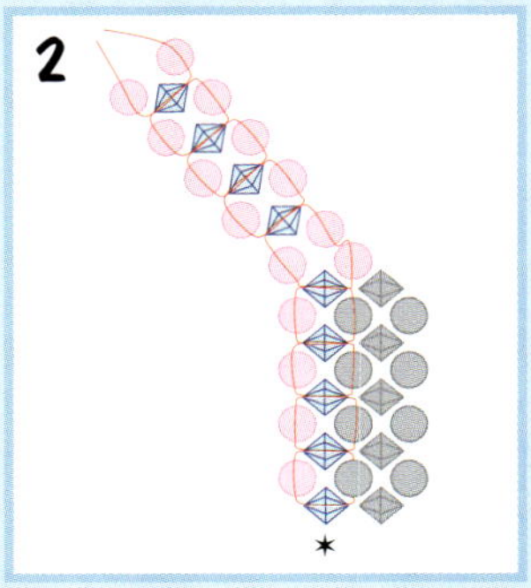

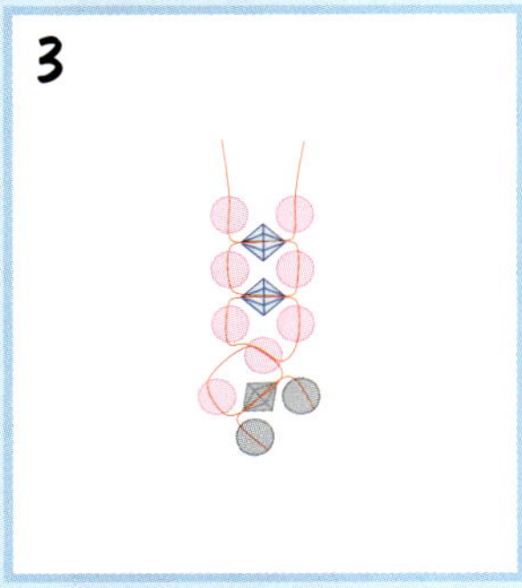

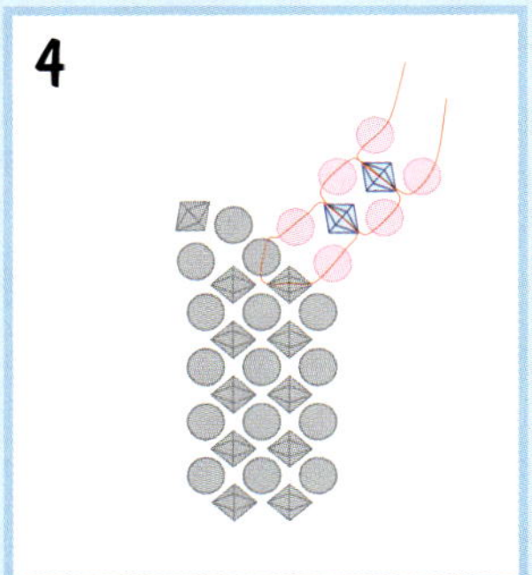

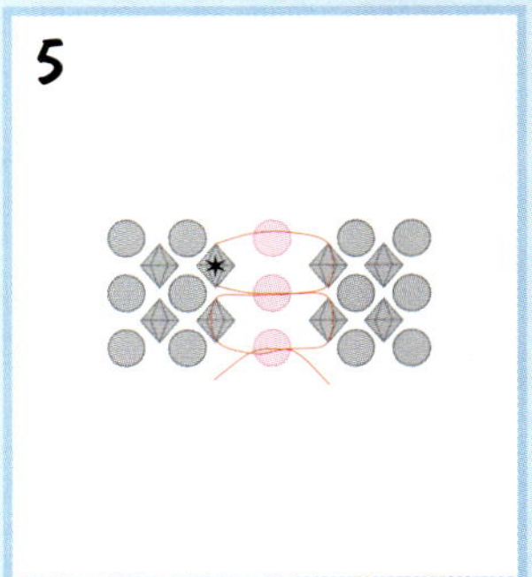

* *Start*

Material

- *Perlonfaden, Ø 0,25 mm*

Halskette

- *171 Renaissance-Glaswachsperlen in Puderrosa, Ø 4 mm*
- *86 Swarovski® Kristall-Schliffperlen in Mondstein, Ø 4 mm*
- *Federring mit Spaltring in Platin, Ø 7 mm*

Ring

- *36 Renaissance-Glaswachsperlen in Puderrosa, Ø 4 mm*
- *24 Swarovski® Kristall-Schliffperlen in Mondstein, Ø 4 mm*

Bettelschmuck

1. Für das Bettelarmband 18 cm, für die Halskette 45 cm der Ankerkette zuschneiden und die Verschlüsse befestigen.

2. Auf die Kettel- und Prismenstifte die verschiedenen Perlen unterschiedlicher Größe nach eigenem Geschmack aufziehen. Die Länge der Stifte nach Wunsch oder Foto festlegen und die Stifte laut Grundanleitung auf Seite 5 mit einer Öse versehen.

3. In jedem Glied des Armband einen Ringel befestigen. Nun in jeden Ringel einen fertig aufgezogenen Kettel- oder Prismenstift einhängen.

4. Für die Bettelhalskette in jedem zweiten Glied einen Ringel befestigen und die Kettel- und Prismenstifte anbringen.

Tipp: *Kristall-Schliffperlen gibt es in unterschiedlichen Farben und Formen. Sie funkeln und schillern wunderschön und reflektieren das Licht auf ganz besondere Weise. Um Kristall-Schliffformen als Anhänger anzubringen, benutzt man Kettelstifte. Diese haben im Gegensatz zu Prismenstiften an einem Ende eine Öse, in die sie eingehängt werden können.*

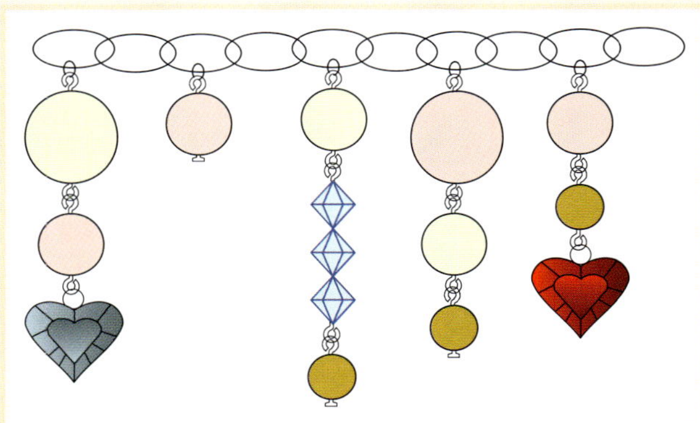

Material

- *Renaissance-Glaswachsperlen in Puderrosa, Silbergrau, Weiß, Kaschmir*
- *Swarovski® Kristall-Schliffperlen in diversen Farben und Größen*
- *Swarovski® Kristall-Schliffherzen in verschiedenen Farben, 10,3 x 10 mm*
- *Ankerkette, versilbert, Ø 1,2 mm*
- *Federring mit Spaltring in Platin, Ø 5 mm (Armband)*
- *Federring mit Spaltring in Platin, Ø 7 mm (Halskette)*
- *Ringel in Platin, Ø 7 mm*
- *Kettel- und Prismenstifte in Platin*

Zauberhaft mit Mondstein

1. Für die Ringschiene auf einen Perlonfaden drei Glasschliffperlen auffädeln und in die Mitte des Fadens gleiten lassen. Die Fadenenden durch eine vierte Glasschliffperle kreuzen und anziehen. Nach Abb. 1 weiterarbeiten, dann beide Fäden gerade durch den Glasschliffstein führen, nochmals pro Faden eine Glasschliffperle auffädeln und die Fäden durch eine weitere kreuzen.

2. Nach Abb. 1 weiterarbeiten, bis die gewünschte Länge erreicht ist. Die Ringschiene schließen, indem beide Fäden durch die erste Glasschliffperle gekreuzt werden.

3. Für das Blüten-Muster mit den Fäden des Unterbaus weiterarbeiten. Auf jeden Faden eine Glaswachsperle auffädeln, durch eine Rocaille kreuzen, nochmals auf jeden Faden eine Glaswachsperle auffädeln und die Fäden durch die mittlere Glasschliffperle des Unterbaues kreuzen. Nach Abb. 2 den Oberbau fertig stellen. Zum Schluss die Fäden vernähen und verknoten.

4. Für das Armband den Faden mittig durch die Öse des Verschlusses ziehen und beide Fadenenden durch eine Glasschliffperle führen. Die Fäden durch eine Glasschliffperle kreuzen, auf jeden Faden eine Glasschliffperle aufziehen und nach Abb. 4 weiterarbeiten. Am Ende den Verschluss anbringen, dann das Blütenmuster wie bei Schritt 3 nach Abb. 4 arbeiten.

Tipp: *Beim Armband das Blüten-Muster auf der ersten Rosette des Unterbaus nicht arbeiten, da sich das Armband sonst verformt.*

1

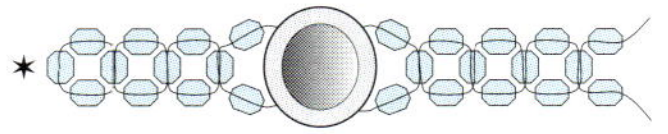

2

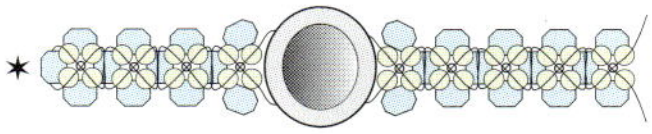

3

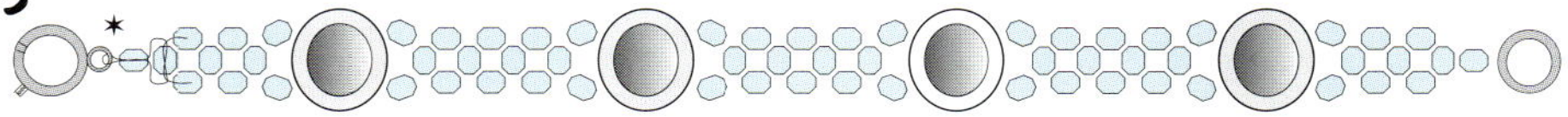

4

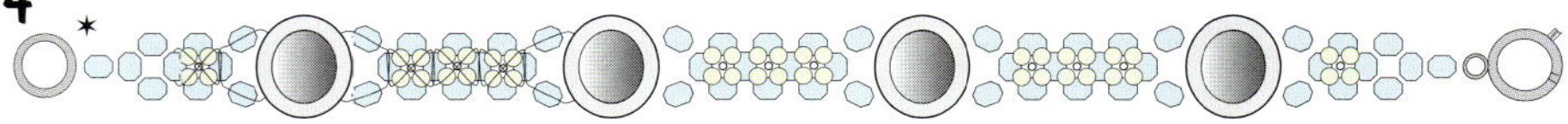

* *Start*

Material

- *Rocailles in Silber mit Silbereinzug*
- *Perlonfaden, Ø 0,25 mm*

Ring

- *36 Renaissance-Glaswachsperlen in Weiß, Ø 4 mm*
- *26 Glasschliffperlen in Bergkristall, Ø 4 mm*
- *Glasschliffstein in Mondstein, Ø 14 mm*

Armband

- *44 Renaissance-Glaswachsperlen in Weiß, Ø 4 mm*
- *62 Glasschliffperlen in Bergkristall, Ø 4 mm*
- *4 Glasschliffsteine in Mondstein, Ø 14 mm*
- *Federring mit Spaltring in Platin, Ø 7 mm*

Schlicht beeindruckend

1. Für das Armband auf ein 80 cm langes Stück Schmuckdraht eine silbergraue, eine puderrosa und eine silbergraue Glaswachsperle auffädeln. Die Drahtenden durch eine weitere puderrosa Perle kreuzen. Die Drahtenden nur soweit zusammenziehen, dass sich ein Kreis von ca. 2 cm Durchmesser bildet. Auf jeden Draht eine silbergraue Perle aufziehen und die Enden durch eine puderrosa Perle kreuzen. Nach Abb. 1 sechs Kreise arbeiten, dann die zweite Reihe fertig stellen. Damit sich der Draht nicht verschiebt, jeweils die mittleren Perlen (puderrosa) mit einem Tupfer Schmuckkleber am Draht befestigen, allerdings nicht die Anfangs- und Endperlen.

2. Den Verschluss nach Abb. 2 jeweils mit einem neuen Stück Draht anbringen und diesen zum Schluss in den Anfangs- und Endperlen (puderrosa) verkleben.

3. Für die Halskette 21 Schmuckdrahtstücke mit 7 cm Länge zuschneiden. Auf das erste Drahtstück den Verschluss auffädeln, auf die Drahtenden einen Tupfer Schmuckkleber geben und beide Enden vorsichtig in eine Glaswachsperle schieben.

4. Etwas ruhen lassen, dann das nächste Drahtstück durch den ersten Drahtring ziehen (Abb. 3) und die Enden in einer Perle mit Schmuckkleber befestigen. Im Wechsel eine 6 mm und 10 mm große Glaswachsperle verwenden. Am Anfang und Ende jeweils zwei Ringe mit 6 mm großen Perlen arbeiten.

1

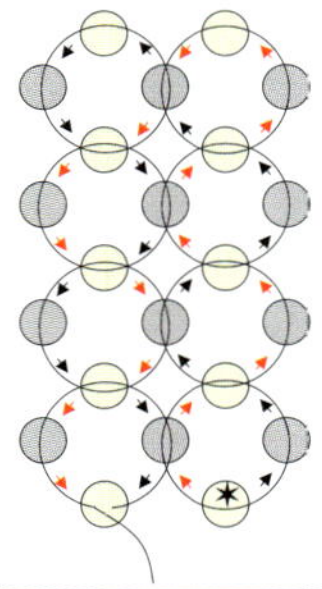

2

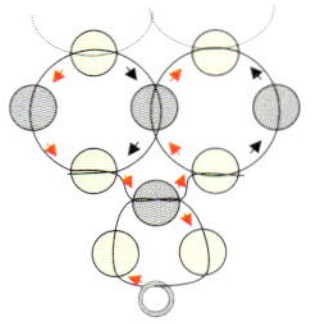

3

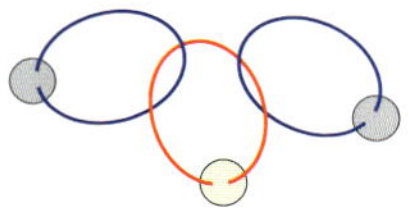

⋆ Start

Material

- *Schmuckdraht matt, Ø 0,4 mm*
- *Schmuckkleber*

Armband

- *23 Renaissance-Glaswachsperlen in Silbergrau, Ø 6 mm*
- *20 Renaissance-Glaswachsperlen in Puderrosa, Ø 6 mm*
- *Federring mit Spaltring in Platin, Ø 5 mm*

Halskette

- *12 Renaissance-Glaswachsperlen in Silbergrau, Ø 6 mm*
- *9 Renaissance-Glaswachsperlen in Puderrosa, Ø 10 mm*
- *Federring mit Spaltring in Platin, Ø 5 mm*

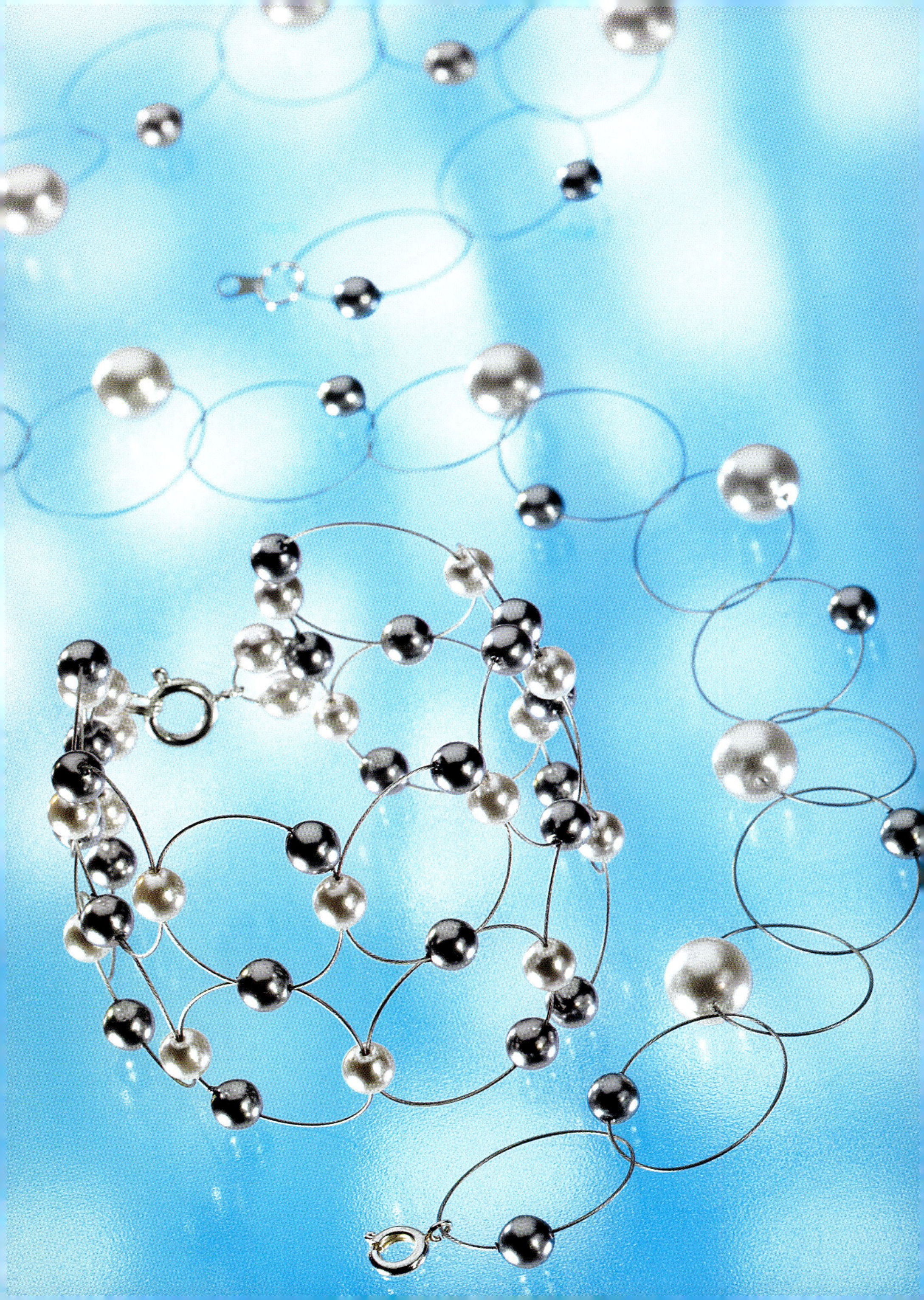

Perlenzauber in Weiß

1. Für die Halskette auf einen Perlonfaden die erste Reihe nach Abb. 1 arbeiten. Insgesamt 15 Mittelperlen arbeiten. Die zweite Reihe nach Abb. 2, die dritte nach Abb. 3 fädeln.

2. Das Modell falten: Auf einen Faden eine Glaswachsperle auffädeln, das linke und rechte Fadenende jeweils durch die seitlichen Perlen ziehen und durch eine neue Glaswachsperle kreuzen (Abb. 4). Die Fäden anziehen und in dieser Weise das Modell schließen. Fäden vernähen und verknoten.

3. Drei 42 cm lange Edelstahl-Drahtseile zuschneiden, den Verschluss anbringen und die Drahtseile durch die Mitte des Modells ziehen.

4. Für das Oberteil des Rings die erste Reihe nach Abb. 1 arbeiten, bis 25 Mittelperlen aufgezogen sind. Die zweite Reihe nach Abb. 2, allerdings mit Glaswachsperlen statt mit Kristall-Schliffperlen auffädeln. Das Perlenband zum Ring schließen, indem die inneren Perlen am Anfang und am Ende mittels drei Perlen verbunden werden (Abb. 5).

5. Wie in Schritt 2 beschrieben, die Seitenteile zusammenfassen, allerdings mittels Kristall-Schliffperlen verbinden.

6. In der Mitte dieses Ringes eine große Glaswachsperle befestigen. Die Ringschiene nach Abb. 6 arbeiten und an der anderen Seite des Außenkranzes befestigen.

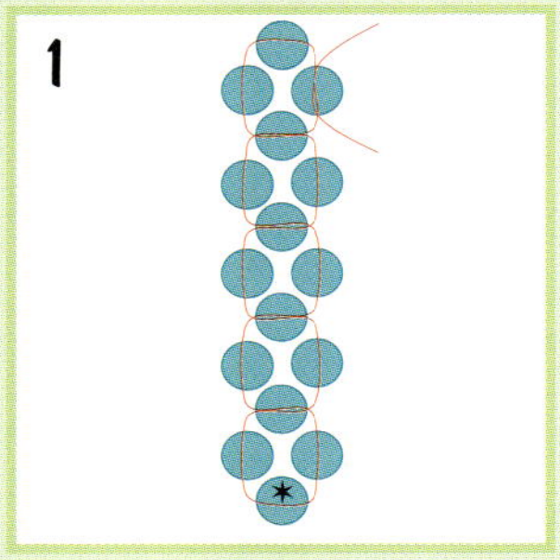

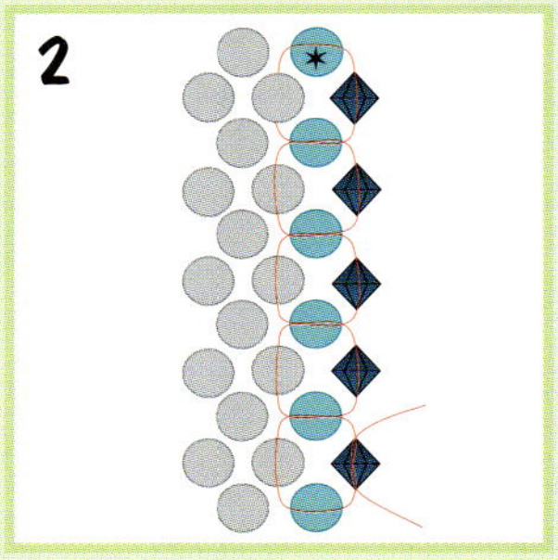

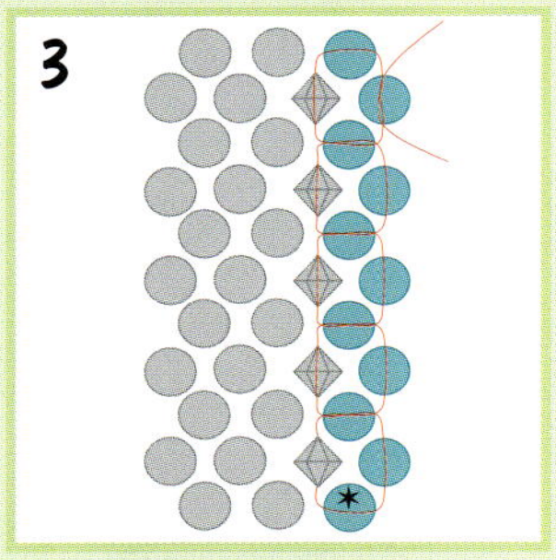

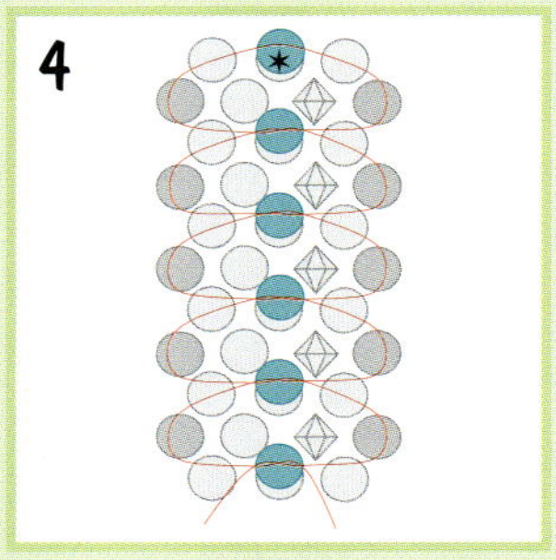

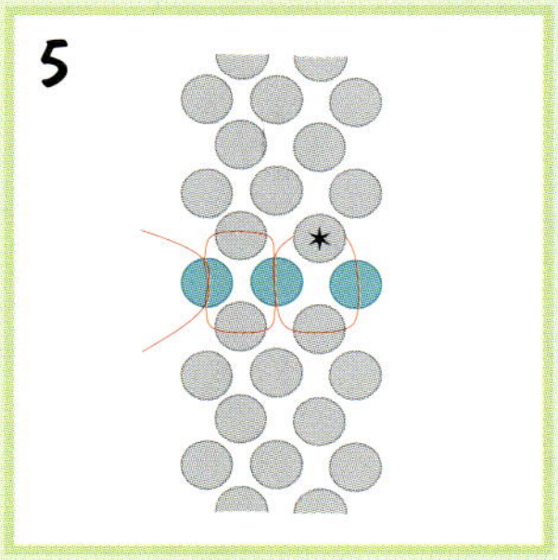

* *Start*

Material

- *Perlonfaden, Ø 0,25 mm*

Halskette

- *109 Renaissance-Glaswachsperlen in Weiß, Ø 4 mm*
- *15 Swarovski® Kristall-Schliffperlen in Rauch Topas, Ø 4 mm*
- *Antik-Verschluss mit 2 Ringeln und Kappeln in Platin, Ø 12 mm*
- *130 cm Edelstahl-Drahtseil, Ø 0,54 mm*

Ring

- *Renaissance-Glaswachsperle in Weiß, Ø 12 mm*
- *83 Renaissance-Glaswachsperlen in Weiß, Ø 4 mm*
- *12 Swarovski® Kristall-Schliffperlen in Rauch Topas, Ø 4 mm*

Kaschmirset

1. Für den Ring auf einen Perlonfaden drei Glaswachsperlen auffädeln und zur Mitte gleiten lassen. Beide Fäden durch eine vierte Glaswachsperle kreuzen. Auf jeden Faden eine Perle auffädeln und die Fäden durch eine dritte kreuzen. Den Schritt etwa acht mal wiederholen, dann auf den linken Faden drei Perlen auffädeln und den rechten Faden durch die dritte Perle kreuzen.

2. Die zweite Reihe nach Abb. 2 arbeiten, danach die Ringschiene mittels drei zusätzlicher Glaswachsperlen nach Abb. 3 schließen.

3. Halskette und Armband wie den Ring auffädeln, allerdings eine dritte Reihe arbeiten. Beide Teile werden nicht zum Ring geschlossen.

4. Zum Anbringen der Rundschließen sowohl für das Armband als auch für Halskette für den Anfang und das Ende jeweils drei kleine Perlonfadenstücke zuschneiden und durch jeweils eine Glaswachsperle ziehen. Beide Fadenenden zusammen durch eine Quetschkalotte und eine Quetschperle ziehen und dicht an der Perle des Armbandes bzw. der Halskette die Quetschperle zusammendrücken.

5. Überstehende Fäden abschneiden und die Quetschkalotte schließen. Sind am Anfang und am Ende je drei Quetschkalotten angebracht, die Quetschkalotten nach Abb. 4 an der Rundschließe befestigen.

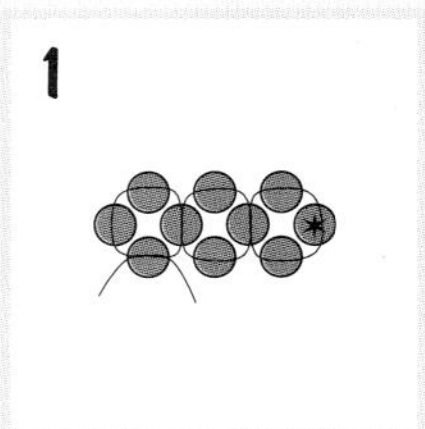

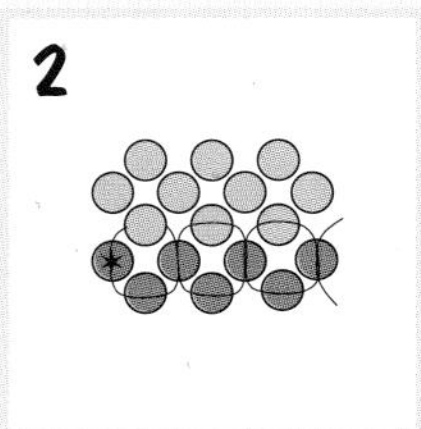

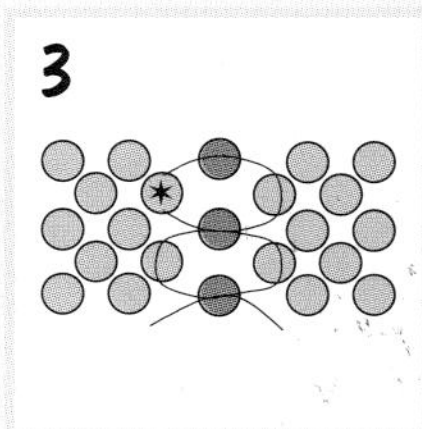

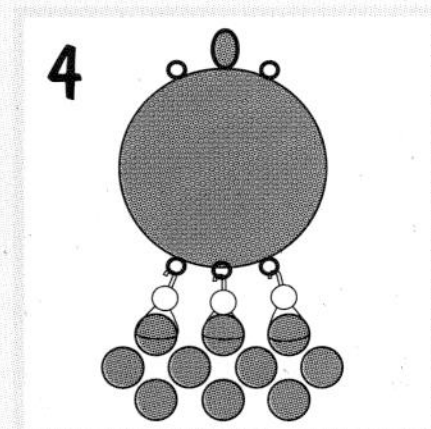

∗ Start

Material

- *Perlonfaden, Ø 0,25 mm*

Ring

- *50 Renaissance-Glaswachsperlen in Kaschmir, Ø 4 mm*

Halskette *(ohne Verschluss 32 cm lang)*

- *262 Renaissance-Glaswachsperlen in Kaschmir, Ø 4 mm*
- *Rundschließe, 3fach, in Silber, Ø 14 mm*
- *6 Quetschperlen in Platin*
- *6 Quetschkalotten in Platin*

Armband

- *178 Renaissance-Glaswachsperlen in Kaschmir, Ø 4 mm*
- *Rundschließe, 3fach, in Silber, Ø 14 mm*
- *6 Quetschperlen in Platin*
- *6 Quetschkalotten in Platin*

Prächtige Broschen

1. Etwa 2–2,50 m Perlonfaden durch 2 Löcher fädeln und auf der Unterseite der Broschenplatine verknoten.

2. Im folgenden Arbeitsschritt den Faden von unten nach oben führen, eine Perle nach Wunsch oder Foto auffädeln und den Faden danach durch dasselbe Loch wieder nach unten führen.

3. In dieser Weise die Perlen auf die Platine nähen. Strass-Steine an den gewünschten Stellen mit einem Tropfen Schmuckkleber anbringen und kleine Zwischenräume mit Rocailles auffüllen.

4. Zum Schluss den Faden auf der Rückseite verknoten und mit einem Tropfen Schmuckkleber sichern.

Material

- *Perlonfaden, Ø 0,25 mm*
- *Schmuckkleber*

Herz

- *Broschenplatine Herz*
- *Renaissance-Glaswachsperle in Weiß, Ø 12 mm*
- *22 Renaissance-Glaswachsperlen in Weiß, Ø 4 mm*
- *43 Glasschliffperlen in Bergkristall, Ø 4 mm*
- *23 Strass-Steine, mit flacher Basis zum Kleben, in Siam, Ø 6 mm*
- *Rocailles in Rot mit Silbereinzug*

Schmetterling

- *Broschenplatine Schmetterling*
- *17 Renaissance-Glaswachsperlen in Puderrosa, Ø 4 mm*
- *6 Renaissance-Glaswachsperlen in Puderrosa, Ø 6 mm*
- *18 Renaissance-Glaswachsperlen in Silbergrau, Ø 4 mm*
- *6 Renaissance-Glaswachsperlen in Silbergrau, Ø 6 mm*
- *4 Swarovski® Kristall-Schliffperlen in Fuchsia, Ø 4 mm*
- *Rocailles in Schwarz*

Blüte

- *Broschenplatine Blüte*
- *41 Renaissance-Glaswachsperlen in Weiß, Ø 4 mm*
- *6 Renaissance-Glaswachsperlen in Kaschmir, Ø 6 mm*
- *13 Swarovski® Kristall-Schliffperlen in Siam, Ø 4 mm*
- *6 Swarovski® Kristall-Schliffperlen in Olive, Ø 4 mm*
- *5 Swarovski® Kristall-Schliffperlen in Jade, Ø 4 mm*
- *12 Glasschliffperlen in Jaspis, Ø 4 mm*
- *Rocailles in Grün und Kupfer, jeweils mit Silbereinzug*

Traum in Rosa

1. Für das Armband ein Teil des Knebelverschlusses auf einen Perlonfaden ziehen und in die Mitte gleiten lassen. Beide Fäden zusammen durch eine Glasschliffperle und eine Rocaille ziehen. Auf jeden Faden fünf Rocailles auffädeln und die Fäden durch eine Glaswachsperle kreuzen.

2. Den Unterbau nach Abb. 1 auffädeln, bis alle Glaswachsperlen aufgezogen sind, dann das Ende entsprechend dem Anfang arbeiten. Die Fäden durch den Stift des Knebelverschlusses kreuzen, zurückführen und durch die Glaswachsperle kreuzen.

3. Danach für den Oberbau des Armbandes auf jeden Faden drei Rocailles aufziehen, die Fäden durch eine neue Glasschliffperle kreuzen, auf jeden Faden drei Rocailles aufziehen und die Fäden durch die Glaswachsperle des Unterbaus kreuzen. Nach Abb. 2 das Armband fertig stellen, dann die Fäden verknoten und vernähen.

4. Den Ring wie das Armband, allerdings nach Abb. 3, auffädeln. Zum Schließen der Ringschiene nach dem Auffädeln der letzten Rocaille die Fäden durch die erste Glaswachsperle kreuzen.

5. Anschließend den Oberbau des Ringes nach Abb. 4 auffädeln und die Fäden vernähen und verknoten.

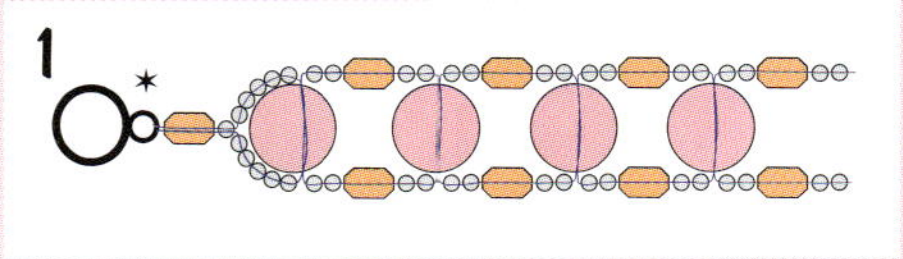

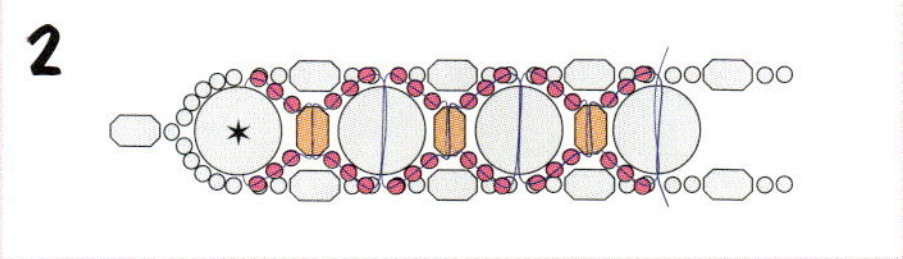

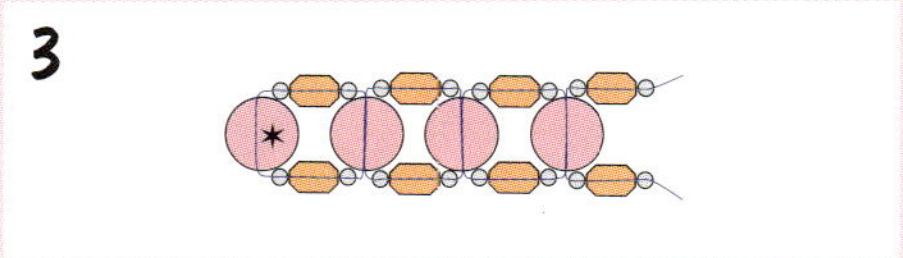

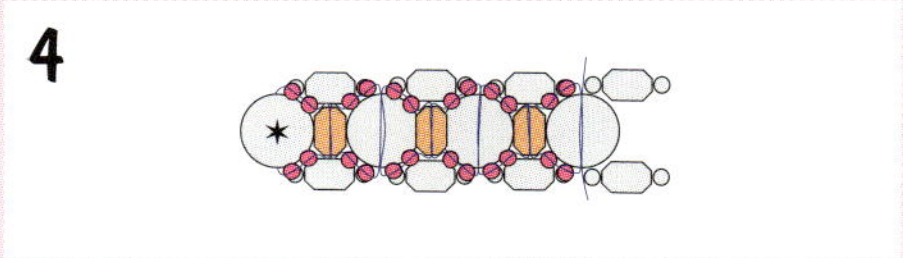

⋆ Start

Material

- *Perlonfaden, Ø 0,25 mm*
- *Rocailles in Silber mit Silbereinzug*

Armband

- *15 Renaissance-Glaswachsperlen in Muschelrosa, Ø 10 mm*
- *44 Glasschliffperlen in Rosenquarz, Ø 4 mm*
- *Knebelverschluss in Platin, Ø 14 mm*

Ring

- *9 Renaissance-Glaswachsperlen in Muschelrosa, Ø 8 mm*
- *27 Glasschliffperlen in Rosenquarz, Ø 4 mm*

Filigrane Schmuckstücke

1. Für die weiße Halskette auf den Schmuckdraht eine Glaswachsperle und von beiden Seiten her je eine Quetschperle auffädeln. Den Draht nach Abb. 1 um die Perle und durch diese wickeln und die Quetschperlen zusammendrücken. Auf diese Weise acht Glaswachsperlen auffädeln. Den Verschluss mit zusätzlichen Perlen nach Abb. 2 befestigen.

2. Auf Schmuckdraht für jeden weißen Ohranhänger eine 8 mm und eine 4 mm Glaswachsperle sowie Quetschperlen aufziehen. Den Ohrring nach Abb. 3 fertig stellen und den Ohrhaken anbringen.

3. Die Halskette in Kaschmir wie die weiße Halskette arbeiten, allerdings die 10 mm und 12 mm großen Glaswachsperlen im Wechsel auffädeln. Für den Verschluss auf beide Drahtenden eine Quetschperle auffädeln und die Drahtenden durch eine Glaswachsperle führen. Nach Abb. 4 links und rechts der Perle etwas Draht stehen lassen, die Quetschperlen darüber ziehen und zusammendrücken. Den überstehenden Draht nahe der Perlen abschneiden.

4. Die Ohranhänger in Kaschmir nach Abb. 5 auffädeln.

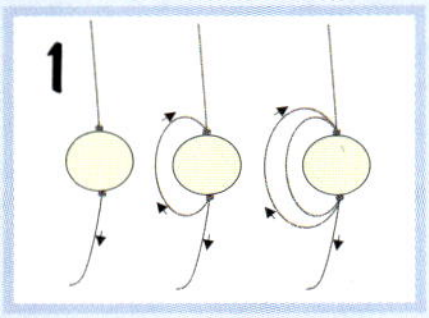

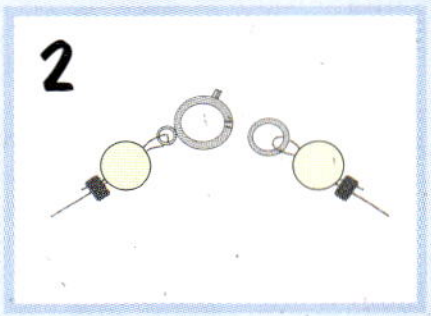

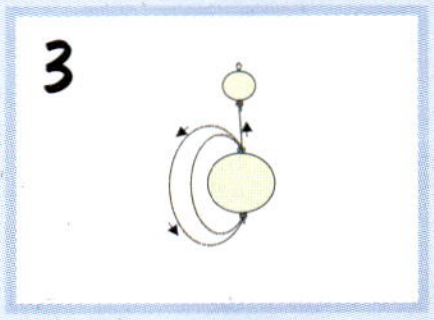

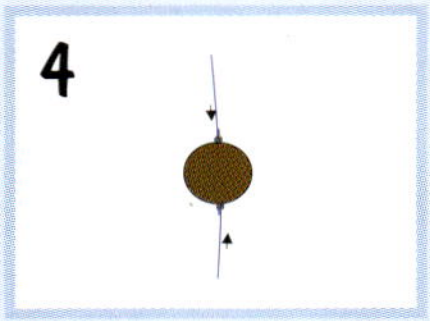

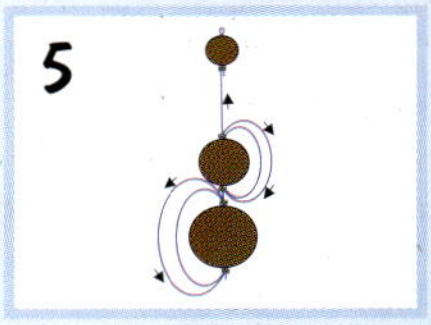

Material

- *2 Ohrhaken in Platin pro Set, Quetschperlen*

Halskette und Ohranhänger in Weiß

- *11 Renaissance-Glaswachsperlen, Ø 12 mm*
- *2 Renaissance-Glaswachsperlen, Ø 8 mm*
- *2 Renaissance-Glaswachsperlen, Ø 4 mm*
- *Schmuckdraht in Silber, kunststoffummantelt, Ø 0,4 mm: 180 cm für die Kette, je 20 cm für einen Ohranhänger*
- *Federring mit Spaltring in Platin, Ø 7 mm*

Halskette und Ohrring in Kaschmir

- *2 Renaissance-Glaswachsperlen, Ø 8 mm*
- *8 Renaissance-Glaswachsperlen, Ø 10 mm*
- *8 Renaissance-Glaswachsperlen, Ø 12 mm*
- *Schmuckdraht in Blau, kunststoffummantelt, Ø 0,4 mm: 240 cm für die Kette, je 30 cm für einen Ohranhänger*

Edel: Grau mit Weiß

1. Ein Teil des Knebelverschlusses auf den Perlonfaden fädeln, beide Fäden durch eine Glasschliffperle ziehen und durch eine weitere Glasschliffperle kreuzen. Auf den linken Faden vier Glasschliffperlen, auf den rechten Faden eine 10 mm große Glaswachsperle auffädeln. Die Fäden durch die vierte aufgezogene Glasschliffperle kreuzen.

2. Auf den rechten Faden drei Glasschliffperlen auffädeln und auf den linken Faden eine 8 mm große Glaswachsperle auffädeln und durch die dritte Glasschliffperle kreuzen. Schritt 1 und 2 nach Abb. 1 wiederholen.

3. Schritt 1 und 2 komplett wiederholen, dabei die Glasschliffperlen durch 4 mm große Glaswachsperlen ersetzen. Bei der nächsten Wiederholung wieder auf Glasschliffperlen wechseln. In dieser Weise die Kette fertig stellen und dann den Knebelverschluss anbringen.

4. Das Armband wird wie die Halskette, aber nach Abb. 2 gearbeitet. Bei den kleinen Perlen immer vier Glasschliffperlen und vier Glaswachsperlen im Wechsel einsetzen.

Tipp: *Damit die Rundung für die Halskette entsteht, immer im Wechsel eine 8 mm große und eine 10 mm große Renaissance-Glaswachsperle auffädeln.*

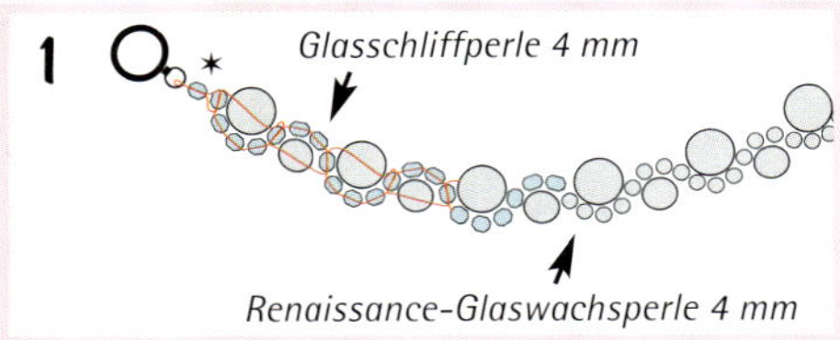

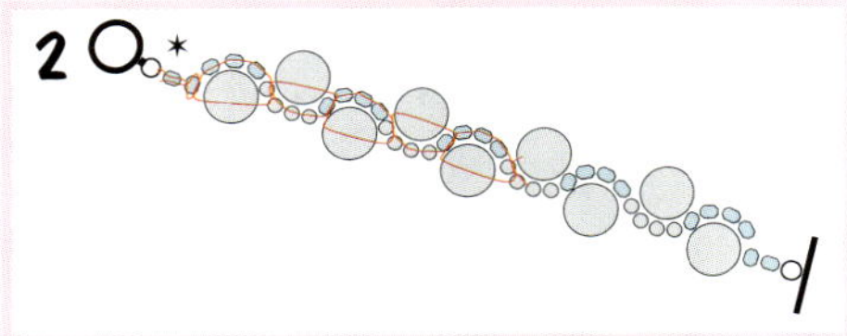

* *Start*

Material

- *2 Knebelverschlüsse in Platin, Ø 14 mm*
- *Perlonfaden, Ø 0,25 mm*

Halskette

- *74 Renaissance-Glaswachsperlen in Silbergrau, Ø 4 mm*
- *20 Renaissance-Glaswachsperlen in Silbergrau, Ø 8 mm*
- *21 Renaissance-Glaswachsperlen in Silbergrau, Ø 10 mm*
- *70 Glasschliffperlen in Bergkristall, Ø 4 mm*

Armband

- *24 Renaissance-Glaswachsperlen in Silbergrau, Ø 4 mm*
- *13 Renaissance-Glaswachsperlen in Silbergrau, Ø 10 mm*
- *30 Glasschliffperlen in Bergkristall, Ø 4 mm*

Ring-Variationen

1. Auf einen Perlonfaden eine Glaswachsperle auffädeln und in die Mitte des Fadens gleiten lassen. Auf den linken Faden sieben Rocailles auffädeln und den Faden nochmals durch die dritte Rocaille durchziehen. Auf den rechten Faden ebenfalls sieben Rocailles aufziehen und durch die dritte Rocaille ziehen. Danach auf jeden Faden zwei Rocailles aufziehen und die Fäden durch eine Glaswachsperle kreuzen.

2. Nach Abb. 1 bis zum gewünschten Umfang weiterarbeiten. Zum Schließen der Ringschiene nach dem Auffädeln der letzten Rocailles die Fäden durch die erste Glaswachsperle kreuzen.

3. Für den Ringoberbau auf den linken und rechten Faden jeweils zwei Rocailles auffädeln und nach Abb. 2 durch die sechste Rocaille der ersten Reihe ziehen. Auf den linken Faden eine Kristall-Schliffperle, eine Rocaille und eine Kristall-Schliffperle auffädeln. Den rechten Faden durch alle drei Perlen kreuzen. Nun die Fäden beidseitig durch die fünfte Rocaille der ersten Reihe ziehen, jeweils zwei neue Rocailles auffädeln und die Fäden durch die Glasschliffperle der ersten Reihe kreuzen.

4. In dieser Weise weiterarbeiten, dann die Fäden vernähen und verknoten.

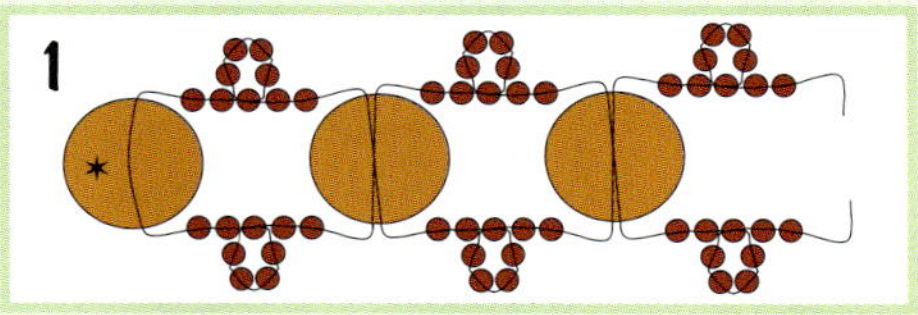

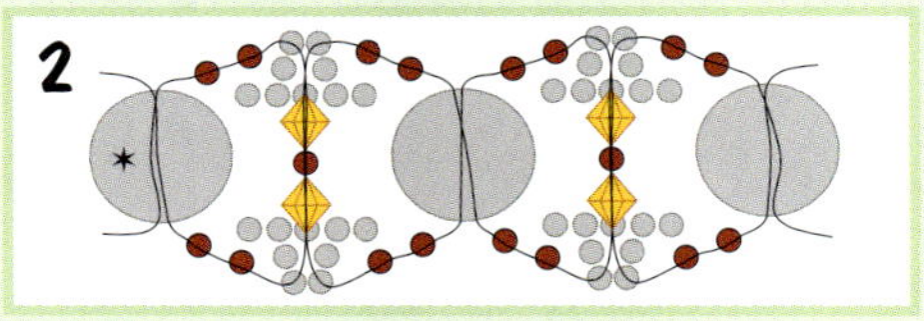

* *Start*

Material

- *Perlonfaden, Ø 0,25 mm*

Ring in Weiß
- *7 Renaissance-Glaswachsperlen in Weiß, Ø 8 mm*
- *14 Swarovski® Kristall-Schliffperlen in Mondstein, Ø 4 mm*
- *Rocailles in Silber mit Silbereinzug*

Ring in Puderrosa
- *7 Renaissance-Glaswachsperlen in Puderrosa, Ø 8 mm*
- *14 Swarovski® Kristall-Schiffperlen in Fuchsia, Ø 4 mm*
- *Rocailles in Silber, transparent gelüstert*

Ring in Muschelrosa
- *8 Renaissance-Glaswachsperlen in Muschelrosa, Ø 8 mm*
- *16 Swarovski® Kristall-Schliffperlen in Siam, Ø 4 mm*
- *Rocailles in Rot mit Silbereinzug*

Ring in Kaschmir
- *8 Renaissance-Glaswachsperlen in Kaschmir, Ø 8 mm*
- *16 Swarovski® Kristall-Schliffperlen in Topas, Ø 4 mm*
- *Rocailles in Braun mit Silbereinzug*

Winterzauber in Weiß und Braun

1. Auf das Edelstahl-Drahtseil für die Halskette eine Glaswachsperle auffädeln und den Verschluss befestigen.

2. Für den Ring auf einen Perlonfaden drei Glasschliffperlen auffädeln, zur Mitte gleiten lassen und nach Abb. 1 weiterarbeiten. Zum Schließen der Ringschiene die Fäden durch die erste Perle kreuzen. Mit dem linken Faden weiterarbeiten, den rechten Faden ruhen lassen: Eine kleine Glaswachsperle auffädeln und den Faden durch die mittlere Glasschliffperle der ersten Reihe ziehen. Eine Glaswachsperle und eine Rocaille auffädeln, den Faden durch die große Perle der ersten Reihe ziehen und nach Abb. 2 weiterarbeiten. Für die letzte Reihe auf den linken und rechten Faden eine Rocaille auffädeln, die Fäden durch die seitlichen Glasschliffperlen der ersten Reihe ziehen. Nach Abb. 3 weiterarbeiten. Die Fäden vernähen und verknoten.

3. Das Armband wie den Ring, aber nach Abb. 4–6, arbeiten.

1 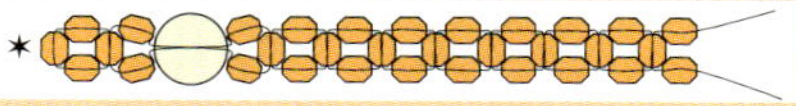

2 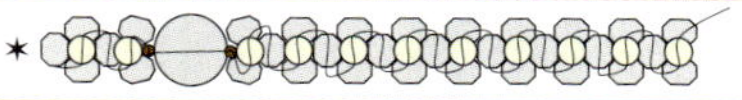

3 

4 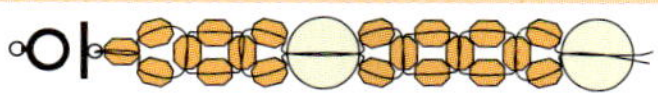

5 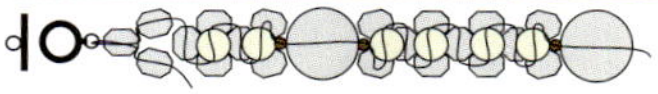

6 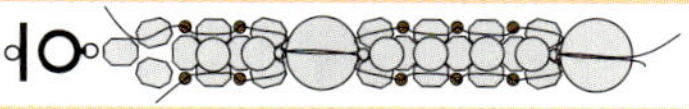

∗ *Start*

Material

Halskette

- *1 Renaissance-Glaswachsperle in Weiß, Ø 12 mm*
- *42 cm Edelstahl-Drahtseil, Ø 0,54 mm*
- *Antik-Verschluss mit Ringeln und Kappeln in Platin, Ø 12 mm*

Armband

- *5 Renaissance-Glaswachsperlen in Weiß, Ø 12 mm*
- *20 Renaissance-Glaswachsperlen in Weiß, Ø 4 mm*
- *62 Glasschliffperlen in Topas, Ø 4 mm*
- *Rocailles in Braun mit Silbereinzug*
- *Knebelverschluss in Platin, Ø 14 mm*
- *Perlonfaden, Ø 0,25 mm*

Ring

- *Renaissance-Glaswachsperle in Weiß, Ø 12 mm*
- *11 Renaissance-Glaswachsperlen in Weiß, Ø 4 mm*
- *32 Glasschliffperlen in Topas, Ø 4 mm*
- *Rocailles in Braun mit Silbereinzug*
- *Perlonfaden, Ø 0,25 mm*

Impressum

Entwürfe und Realisation: Branka Monzón
Lektorat: de facto : Redaktionsbüro Karola Kimmerle
Redaktion: Petra Hassler
Fotos: Top Life Studio, Rainer Sprenger
Styling: Sigrid Manthey
Technische Zeichnungen: Branka und Victor Monzón
Umschlaggestaltung: Christiane Kölble
Entwurf und Illustration „Klipp-Klapper":
Stefan Hagen
Layout und Produktion: buchkonzept@web.de
Druck und Verarbeitung: J. P. Himmer, Augsburg

ISBN 3-89858-825-4
ISBN 978-3-89858-825-6 (gültig ab 01. 01. 2007)

Herstellerverzeichnis

Farben und Lacke:
Marabuwerke GmbH & Co. KG
Asperger Straße 4
71732 Tamm
www.marabu-kreativ.de